LOGEMENT DU COMMANDANT BÉRARD, A KHONG.

L'EXPANSION FRANÇAISE DANS LE LAOS

I

La grande œuvre politique du vingtième siècle sera certainement, et peut-être à date prochaine, le partage définitif de l'Afrique et de l'Asie entre les puissances européennes qui déjà, dans ces deux continents, se sont taillé un empire, en y affirmant respectivement leurs droits d'occupation, de protectorat ou d'annexion, et en s'y ouvrant des zones d'influence successivement agrandies. La France est entrée, sous Napoléon III et surtout sous la troisième république, dans ce mouvement intensif d'expansion coloniale. Grâce à des entreprises couronnées de succès, elle a, par des traités et des conquêtes, accru considérablement ses possessions africaines et asiatiques. Pour ne parler ici que de ces dernières, la superficie totale de son territoire en Indo-Chine dépasse dès maintenant 600,000 kilomètres carrés, et l'on peut prévoir que des extensions futures s'y ajouteront à l'ouest et au nord. Il est vraisemblable, en effet, que nous reculerons encore nos limites du côté de la région montagneuse occupée par les Laotiens et que le Yun-Nan, le Kouang-Si, le Kouang-Toung ne nous opposeront pas toujours leurs barrières actuelles, la Chine méridionale (1), qui confine au Tonkin, étant indiquée aux emprises françaises, si le

(1) Voir sur la *Chine méridionale* notre traduction de l'ouvrage d'Archibald Colquhoun, *Across Chrysé*, trad. par Charles Simond. (Paris, Lecène et Oudin, 2 vol.)

morcellement aujourd'hui entrevu du bloc célestial s'accomplit. Du reste, en ce qui concerne le Laos, la portion du Siam neutralisée par l'arrangement anglo-français de 1896 ne saurait rester telle; il suffirait d'une convention, d'ailleurs autorisée par cet accord, entre les cabinets de Paris et de Londres, pour nous permettre de reconstituer à notre profit dans son intégralité l'ancien royaume khmer et, en englobant Korat, de nous assurer de tout l'ancien Laos. Cette sphère d'action nous appartient ou nous est accessible, et les événements peuvent nous en donner le bénéfice entier dans un délai peu éloigné; de même que les privilèges et avantages commerciaux qui nous sont concédés pour le présent, avec ceux à obtenir dans le Yun-Nan et le Se-Tchuen (1), c'est-à-dire dans les bassins si importants du fleuve Rouge et du fleuve Bleu, en vertu des stipulations de 1896 et de 1898, justifient nos espérances d'accroissement territorial dans ces deux provinces encore chinoises (2).

II

L'ancien Laos n'a pas d'histoire. Bastian (3), qui l'a surtout étudié au point de vue de l'ethnogénie, n'a pu que conjecturer, en ce qui regarde son passé, d'après les livres des prêtres bouddhistes. Quant aux annales chinoises, elles n'en font pas mention avant le quinzième siècle de notre ere. Les premiers renseignements que l'on en connut en Europe vinrent des Portugais, à la suite de leurs rapports avec Siam, au commencement du seizième siècle, et, quelque soixante-dix ou quatre-vingts ans plus tard, par les Espagnols qui débarquèrent sur les côtes de la Cochinchine. Mais ces données sont encore bien peu précises, et tout ce qu'elles apprenaient, c'est que le Laos était un grand et riche royaume dont une partie avait été soumise par le roi d'Ayuthia (Siam), une autre conquise par les Birmans, le reste demeurant au pouvoir de populations sauvages, fétichistes, de la race thaï, se partageant en deux grands groupes ethnographiques, les Ventres noirs (Khong-Dans ou tatoués) et les Ventres blancs (Khong-Khao, non tatoués), avec, dans l'une et l'autre des régions qu'ils habitaient, des éléments shans (4). Encore ne faut-il accepter ces informations que dans un sens relatif, car la grandeur du royaume de Laos ne pouvait concorder, même en tenant compte de leur densité, qu'avec le

(1) « Sur le littoral de l'Est, il nous sera toujours difficile de lutter avec succès contre les Anglais : leurs comptoirs s'accroissent, la douane impériale tombe dans leurs mains. C'est à peine si quelques négociants sérieux nous représentent, et il n'y a qu'une œuvre française dans les ports, l'arsenal de Fou-Tchéou, créé par le lieutenant de vaisseau P. Giquel; mais dans l'intérieur des terres, où nous sommes maintenant engagés, on ne connaît qu'une nation, la France. Elle seule a pénétré ici avec les missionnaires qui ont apporté au Sé-Tchuen le respect de son nom en même temps que le culte de sa civilisation et de son Dieu. Qu'après les propagateurs de l'idée religieuse viennent maintenant les pionniers du commerce français, bientôt la France s'acquerra une situation inexpugnable au cœur même des plus fertiles provinces du Céleste Empire » (Gaston DE BEZAURE, *le Fleuve Bleu* (Plon, 1879). Ces constatations datent de près de vingt ans. L'influence morale de la France dans le Sé-Tchuen n'a fait que gagner depuis cette époque.

(2) Voir DE LANESSAN, *l'Indo-Chine française* (Paris, Alcan, 1889).

(3) Voir Ad. BASTIAN, *Die Vœlker des œstlichen Asiens*, t. I et III (Iena, 1867).

(4) Voir sur les Shans ou Chans les travaux d'Archibald Colquhoun et aussi ceux du regretté sinologue français Terrien de la Couperie.

chiffre de ses habitants, que les supputations les plus élevées ne portaient pas, dans leur ensemble, à plus de deux millions. Ce qui prouve, au surplus, que ceux qui en parlaient n'avaient eux-mêmes que des bases d'appréciation vagues ou erronées, c'est que, Chinois ou Européens, tous les auteurs

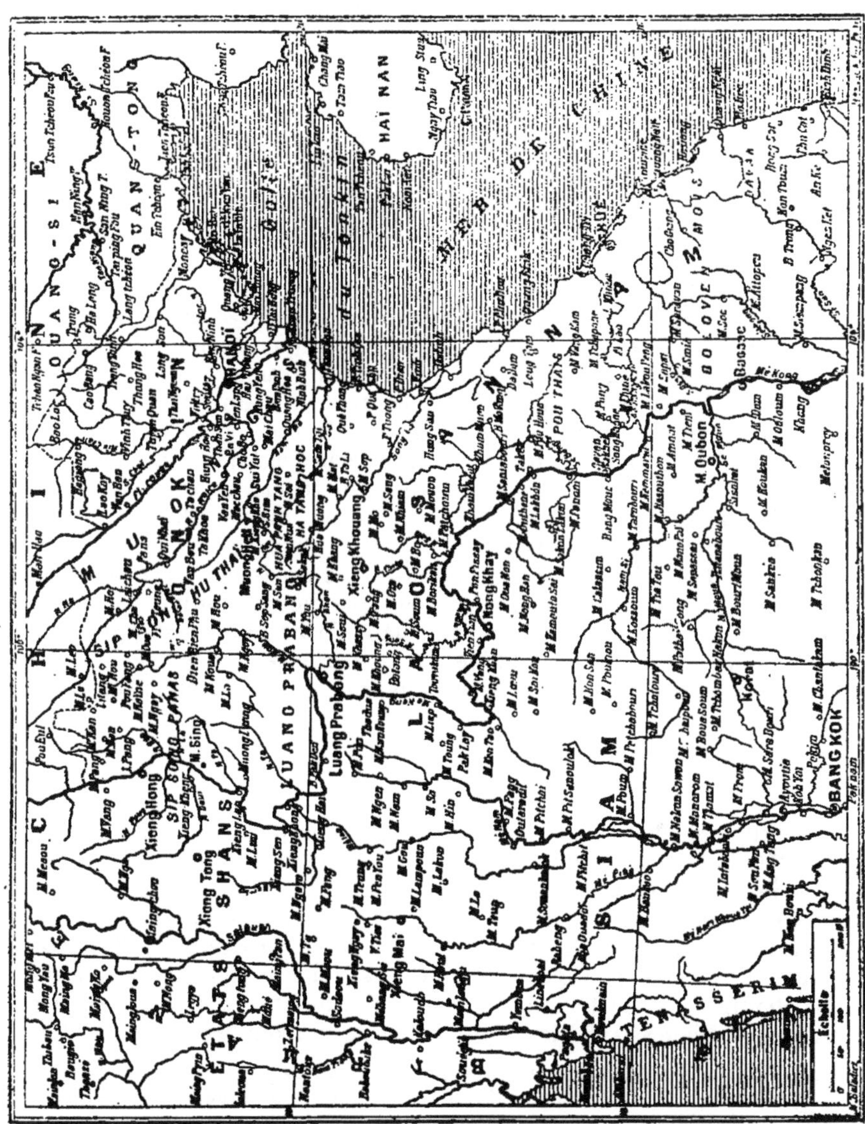

qui racontent leurs voyages dans ce pays, jusque vers 1830 (1), n'en connaissent pas la topographie exacte, et que ceux mêmes qui y ont séjourné plusieurs années n'en savent guère davantage (2). Les missionnaires catho-

(1) Ritter, dans son grand ouvrage *Erdkunde* (t. III, relatif à l'Asie), en donne la nomenclature et le résumé.
(2) Tels le Hollandais Gérard van Wusthop et le jésuite Jean-Marie Levita.

liques et protestants, et parmi eux principalement l'évêque français Mgr Pallegoix et le docteur Gutzlaff (1), rectifièrent un certain nombre de ces erreurs. D'autres membres des missions françaises ou étrangères, Grandjean (2), Schomburgk (3), des pionniers hardis comme Mouhot (4), complétèrent ces travaux en fournissant des notes précises sur le Laos. L'expédition si remarquable à tous égards du Mékong par Doudart de Lagrée et Francis Garnier (5) eut en 1866 l'honneur de frayer la route du haut Mékong, et la description de cette exploration, un chef d'œuvre, mit fin à l'ignorance et à l'incertitude jusqu'alors générales sur ce problème dont la solution intéressait directement la France. Des voyageurs plus récents, Harmand (6), Bock, Néis, suivant la voie tracée par ces devanciers, contribuèrent à leur tour à réunir les matériaux de l'étude scientifique du Laos.

Grâce à ces efforts et à ces travaux, nous savons maintenant que le Laos, région centrale de l'Indo-Chine, correspond au bassin central du Mékong, qu'il a pour bornes, au nord le Yun-Nan, à l'ouest la Birmanie, au sud le Cambodge, à l'est l'Annam. Il se partage entre le Siam et l'Annam. Sous le rapport physique, climatologique, économique, il s'offre à notre activité dans des conditions propres à motiver nos vues sur ses ressources. La civilisation peut y rencontrer un champ fertile, bien que les populations y soient encore dans un état de transition ethnique, elles conservent, en effet, beaucoup de leurs préjugés, de leurs résistances au progrès, elles n'ont pas cessé de vivre en tribus, et, sans être rebelles à la culture du sol, au commerce avec leurs voisins, Chinois, Siamois, Birmans, Annamites, elles n'adoptent les influences du dehors qu'avec une opposition plus ou moins manifeste et accusée. Il y a donc toute une tâche à entreprendre prudemment par notre administration coloniale pour amener le Laos peu à peu dans l'orbe de notre développement matériel et moral en Indo-Chine, et l'expérience a déjà démontré que l'on n'obtiendra un résultat sérieux dans ce sens qu'avec le temps.

III

Politiquement, le Laos siamois est divisé en plusieurs principautés ou États tributaires, ayant le même nom que leurs capitales, dont les plus importantes sont Xieng-Maï (la ville neuve) sur la rive droite du Mé-Ping, au centre d'une plaine féconde et au point de jonction des routes menant à Moulmein, chef-lieu de la province de Ténasserim (Birmanie), et au Yun-nan; Lakhon, aussi sur le Mé-Ping, et possédant des chantiers de constructions navales; Muang-Pré et Muang-Nam, riches en forêts; Xien-Sen et Xien-Haï, au sud de la frontière birmane, dans la

(1) Pallegoix, *Notice sur le Laos* (*Bull. de la Soc. de géogr. de Paris*, 1836, t. V).
(2) Gutzlaff, *The country of the Laos* (*Journal of the Roy. Geog. Soc.*, t. XIX, 1849).
(3) Grandjean, *Voyage et séjour dans le Laos* (*Revue de l'Orient*, t. IX, 1846).
(4) Mouhot, *Tour du monde*, 1863.
(5) Doudart de Lagrée, *Exploration et mission* (Paris, 1844). Fr. Garnier, *Voyages en Indo-Chine* (Paris, Plon, Nourrit et Cie, 1873).
(6) Harmand, *le Laos et les populations sauvages de l'Indo-Chine* (*Tour du Monde*, 1879-1880); Bock, *Notes sur la population du Laos* (*Mém. de la Soc. d'anthrop.*); *Voyage de Bangkok à Xien-Sen* (*Bull. de la Soc. de géogr.* 1883). Voir aussi Aymonier, *le Laos* (Paris, Leroux); Neis, *Tour du Monde*, 1885.

vallée du Mékong, villages ruinés et dépeuplés il y a trente ans, mais redevenus florissants. Quant au Laos français, il a pour capitale Louang-Prabang (1), moins peuplé, à la vérité, que Xieng-Maï et Lakhon, mais plus visité par les commerçants de toute espèce, à cause de la situation même de son marché, où se disputent les affaires. Stoung-Teng, Attopeu, sont également en terre française, la première de ces places présentant un intérêt pour la navigation du fleuve et la douceur naturelle de sa population, la seconde, dans la région des Khas, au bord du plateau splendidement boisé qui s'étend entre le Mékong et son affluent le Sékong.

Que nous vaudra, une fois que notre autorité y sera solidement assise, cette région laotienne, comme importation et exportation? On peut déjà en faire approximativement le calcul. L'industrie n'y est encore que rudimentaire, mais la nature y met à sa disposition d'assez abondantes richesses minérales, plomb, zinc, fer, cuivre, antimoine, des gisements, de sel, des carrières de calcaire, de vastes forêts de tek; une flore et une faune pouvant être utilement exploitée, plusieurs espèces de riz, du millet, du sarrasin, du coton, des plantes oléagineuses, arachide et sésame, des plantes textiles, chanvre, jute, ortie de Chine, des plantes tinctoriales, indigotier, rocouyer, sapan (2), plantes alimentaires, goyavier, bananier, canne à sucre, manioc, cannellier, etc., puis l'éléphant, le zèbre, le buffle, etc. Les voies fluviales y facilitent les communications, et l'habileté des indigènes à confectionner leurs embarcations rend les moyens de transport généralement pratiques.

Est-ce à dire que ces productions naturelles pourraient être mises à profit par notre colonisation, sans accompagner celle-ci ou plutôt sans la faire précéder du travail moral? Nous ne le croyons pas. Le Laotien est encore imbu des traditions de l'esclavage, qui a maintenu, pendant le régime siamois, ces tribus dans un état d'abaissement profond. « C'est à l'esclavage, dit avec raison M. Harmand, qu'il faut demander la raison de l'isolement réciproque des races de l'Indo-Chine, de la haine qui existe entre elles, et de la terreur qui s'oppose presque entièrement à des relations commerciales d'où résultent non seulement des échanges de produits, mais aussi d'idées, et que l'on peut appeler le véritable facteur de la civilisation. Si l'esclavage était supprimé, les Laotiens viendraient

(1) Louang-Prabang (15,000 habitants) en aval du grand coude du Mékong, à l'embouchure du Nam-Kan, large, rapide, coupé de cataractes, encaissé entre des montagnes couvertes de forêts de tek; la ville s'étend sur une largeur de 10 kilomètres; les marchés sont très animés; Chinois et Birmans s'y disputent les affaires; la population se compose de Laotiens, de sauvages khmous, de Siamois, de Birmans et de Chinois immigrés, pour lesquels ce territoire, qui jouit d'une importance relative, est un lieu d'asile et de refuge. « Vu du fleuve « ou même de la petite colline qui est au centre de la ville, Louang-Prabang « paraît un séjour enchanteur; les maisons et les nombreuses pagodes aux « toits peints et dorés apparaissent au milieu d'une véritable forêt de cocotiers « et d'aréquiers; mais, quand on débarque pendant la saison des pluies, on « enfonce jusqu'à mi-jambe dans une boue noirâtre et infecte. L'enceinte des « fortifications a bien pu contenir les 50,000 habitants que lui donne Mgr Pallegoix, vers 1830; mais depuis huit années la partie la plus voisine du con-« fluent du Nam-Kan est seule habitée; le reste retourne à l'état de forêt, « au milieu de laquelle on rencontre quelques pagodes en ruine ou de vastes « marécages dans lesquels on cultive les macres. » (Dr Paul Neis, *Tour du Monde*, 1885, 2e sem., p. 37.)

(2) Arbustes sur lesquels vit la cochenille donnant la gomme-laque.

commercer chez les sauvages; les Annamites, de leur côté, pourraient, sans peur de se voir enlever, franchir partout leurs montagnes, et, en se mettant en rapport avec les populations de la vallée du Mékong, ouvrir aux produits naturels du sol et des forêts des débouchés vers la mer de Chine, qui semble si loin et qui est en réalité si proche. J'ai la conviction que la suppression de l'esclavage dans toute l'Indo-Chine est chose relativement facile; il suffirait de supprimer les deux grands marchés de Bangkok et du Cambodge. Pour le Cambodge, qui est sous notre autorité, ce résultat est en partie atteint; à Bangkok, l'influence européenne est assez puissante pour l'obtenir également, et nous pouvons exiger du roi non seulement la suppression de la chasse aux Khas, mais la prohibition de l'achat et de la vente des esclaves sauvages dans les provinces du Laos (1). Ce vœu n'a pas encore été complètement réalisé. Le roi de Siam actuel Chulalongkorn n'y est point défavorable, et son récent voyage en Europe fera incliner ce souverain sans doute encore plus efficacement à seconder cette abolition des coutumes barbares; mais il y a des racines que l'on ne fait disparaître entièrement que par des mesures auxquelles le roi n'aura point recours, si, comme il arrive, malgré son pouvoir autocratique, il est prisonnier de sa cour. Les mœurs laotiennes ne se transformeront qu'avec l'action européenne, le jour où la France étendra son œuvre d'émancipation à tout le Laos (2).

Charles SIMOND.

(1) Voir, sur la pénétration de la France dans le Laos, Paul BARRÉ, *Revue de géographie*, résumant les différentes phases du conflit franco-siamois et les traités qui y mirent fin

(2) HARMAND, *le Laos et la population sauvage de l'Indo-Chine* (*Tour du Monde*, 1880).

LA LEVÉE DE NOTRE CAMP DANS UNE RIZIÈRE ASSÉCHÉE DE KIENG-HUONG.

LE LAOS

I

DE KRATIÉ A BASSAC. — COURS DU MÉKONG.

Partis de Marseille le 23 décembre 1894, après avoir parcouru la Cochinchine, visité Pnompenh et les ruines d'Angkor, nous nous proposâmes, mes compagnons (1) et moi, de remonter le Mékong afin d'en étudier le cours en saison sèche.

En arrivant à Kratié, notre jeune ami Alexandre de Neufville, désirant visiter l'Annam et le Tonkin, nous avait quittés ; nous nous trouvions donc quatre Européens, ce qui, pour des voyageurs qui ne sont pas fonctionnaires, est déjà un nombre respectable dans ces pays où les hommes, que l'appât de l'argent fait difficilement sortir de leur torpeur naturelle, ne travaillent que par ordre.

L'étude du grand fleuve indo-chinois à cette époque présentait pour nous un certain intérêt ; en effet, très parcouru en saison des pluies par le « Bassac (2) », et les chaloupes chinoises, la baisse des eaux arrivée, le Mékong cesse d'être commodément navigable.

(1) MM. Paul de Neufville, Jean de Neufville, Alfred Herbet.
(2) Des messageries fluviales, vapeur faisant le service de Khon à Saïgon.

C'est à Kratié que nous devions quitter le mode de locomotion par vapeur pour prendre celui, plus lent et plus incommode, de la pirogue. En raison de cette particularité du Mékong dont le cours se transforme tout à coup pour devenir une série de rapides coupés de biefs, Kratié prend une certaine importance commerciale, c'est le « godown » des flottilles de pirogues dont les marchandises attendent le vapeur. Deux fois par semaine, des chaloupes chinoises faisant le trafic des nombreux commerçants chinois échelonnés sur le fleuve viennent y apporter et en emporter la pacotille.

PASSAGE D'UN BIEF.

Le « Bassac », des messageries fluviales, s'arrête aussi là, en saison sèche; mais le fret y est pauvre pour lui, les chaloupes étant très suffisantes pour le petit commerce du Mékong.

Ainsi qu'on le verra plus tard, le Laotien est paresseux et routinier. Dès que les pluies cessent de tomber, que le fleuve baisse, les caravanes s'organisent et, partant d'Oubon, vont rejoindre Korat, Ayûthya et Bangkok. En vain les Français font des efforts pour faire passer le commerce du Haut-Laos par Saïgon; le Laotien préfère marcher plusieurs jours à une descente par eau, toujours difficile, souvent dangereuse.

Le pays autour de Kratié est plat et couvert de jungles épaisses; le gibier y abonde, mais la capture en est rendue très difficille à cause de ces rideaux impénétrables où il trouve des retraites inaccessibles. Aussi l'indigène ne chasse-t-il qu'à l'affût le soir, à l'abreuvoir.

En face de Kratié, il y a deux îles sauvages et peu habitées. Dans ces îles, comme sur tous les bords du Mékong, jusqu'à

Bassac, on cultive le coton. Malheureusement, cette culture ne se fait que sur les alluvions du fleuve, et, à quelques cents mètres des berges, on retrouve la jungle ou la forêt épaisse.

MUSICIEN DANSANT.

Kratié, qui fait partie du Cambodge, est sous l'administration d'un résident. Celui-ci nous avait procuré les pirogues nécessaires et nous étions partis sur des éléphants fournis par l'obbarach (grand dignitaire cambodgien), afin de faire la route en chassant jusqu'à Somboc.

Rien de plus curieux que ces promenades à dos d'éléphant à travers les jungles. L'animal, dominé par les hautes herbes, se fraye un chemin avec sa trompe, les repoussant avec force à droite et à gauche ; tout s'enfuit à son approche, un simple mouvement dans les herbes indique au chasseur la présence de quelque animal. Est-ce le timide conaï (cerf cambodgien) ou le coman (petit cerf aboyeur) ou bien le tigre ou la panthère ? On n'en sait rien, et c'est au hasard que l'on tire.

Nous avons rejoint Somboc la tête basse et d'assez méchante humeur. Quelle opinion déplorable l'obbarach allait-il avoir de nous !

Somboc présente le type général des villages cambodgiens ; construit en longueur sur les bords du fleuve, il ne se distingue pas des autres villages riverains ; on y cultive, comme à Kratié et dans les autres lieux habités, le coton sur les alluvions du fleuve, et le riz dans les clairières des forêts de l'intérieur (1).

Après avoir pris congé de notre hôte et lui avoir offert quelques menus cadeaux, nous montâmes dans nos pirogues. C'est alors que le Mékong s'est présenté à nous tel que nous devions le voir pendant la plus grande partie du voyage. Nous entrions dans la région des rapides. Là on peut apprécier au prix de quelles difficultés les communications se font sur le Mékong : le fleuve coule avec furie sur une largeur qui atteint souvent 1,500 mètres ; ce ne sont plus que des cascades infranchissables aux eaux furieuses roulant avec une rapidité vertigineuse ; on se demande comment des hommes peuvent avoir la prétention de faire traverser à de si frêles esquifs de pareils tourbillons.

Les piroguiers suivent un moment une ligne perpendiculaire au cours des eaux, maintenant la pirogue dans cette position avec leurs perches de solides bambous. On s'arrête tout à coup ; les hommes ont trouvé un passage, c'est-à-dire un endroit peu profond ; deux ou quatre d'entre eux, suivant la violence du courant, se débarrassent de leur sampot (2) ou le roulent en ficelle autour de leurs reins, ils descendent dans l'eau, maintenant l'avant de la pirogue ; les hommes qui restent laissent évoluer l'embarcation dans le sens du courant et descendent à leur tour. Alors c'est la lutte de la force humaine contre la violence des eaux. S'ils faiblissent, s'ils lâchent prise, la pirogue peut être entraînée et renversée infailliblement sur les rochers nombreux qui hérissent les rapides. On verra par la suite combien de fois ces passages se présentent

(1) Le riz se cultive en saison des pluies, après que la jungle a été détruite en saison sèche par le feu.

(2) Sorte de pantalon formé d'une pièce d'étoffe nouée autour des reins et passée ensuite entre les jambes. C'est le costume cambodgien, siamois et laotien.

dans une navigation sur le Mékong, ce qui explique la rareté des convois de pirogues à destination lointaine.

Les rapides passés, le fleuve reparaît dans sa calme majesté, coupé d'îlots de sable; on traverse un bief, et c'est sur des eaux tranquilles que les mêmes hommes, entonnant un chant plaintif et monotone, poussent leurs pirogues au moyen de pagaies qu'ils manient à deux mains, donnant ainsi une vitesse d'à peine trois kilomètres à l'heure.

Nous abordâmes à la nuit un banc de sable situé à environ 33 kilomètres de Kratié. C'est là que nous avons établi notre premier campement.

Rien de plus simple que notre installation : munis chacun d'un matelas cambodgien, nous nous arrangions sur le sable quatre couchettes convenables, et, roulés dans nos manteaux, nous trouvions facilement un sommeil appelé d'avance par les fatigues de la journée. Autour de nous, les piroguiers étendent leurs nattes après avoir allumé des feux, pour écarter les bêtes fauves. Cette précaution était inutile ce jour-là, puisque notre banc de sable était situé au milieu du fleuve et dans les rapides. On ne peut s'empêcher d'être frappé de la majesté du Mékong ainsi éclairé des pâles rayons de la lune; que de bruits divers durant ces claires nuits tropicales! Nous entendons l'aboiement rauque du coman, auquel se mêle le cri plaintif des oiseaux d'eau réveillés sur leurs rochers par le passage de quelque poisson souffleur dont le halètement puissant se fait entendre parfois très près du campement, se mêlant au fracas continuel des rapides, puis tout à coup une voix vient dominer les autres bruits, le rugissement du tigre. Un coup de fusil interrompt bientôt le concert : c'est quelque indigène à l'affût du cerf (conaï) à l'abreuvoir ou du paon branché! Cependant, malgré ce vacarme, j'avoue que nous avons passé là une des meilleures nuits de notre existence. Le lendemain nous quittâmes ce banc de sable hospitalier pour nous rendre à Sambor, distant seulement d'une vingtaine de kilomètres, dans un immense bief du fleuve.

***

Le gouvernement du Cambodge a établi à Sambor une vice-résidence; cependant le village n'a pas par lui-même une grosse importance. La population est composée, de même que dans tous les villages du Cambodge, du Laos et du Siam, de trois éléments. D'abord, les aborigènes, qui sont le véritable type de l'Indo-Européen. Leur costume est le sampot, auquel les femmes ajoutent parfois une pièce d'étoffe qu'elles nouent sur les seins, laissant à nu la gorge et les épaules. Hommes et femmes portent une sorte de coiffure à la Bressant qui leur donne une physionomie originale.

Sur l'élément cambodgien est venu se greffer l'élément annamite; ceux-ci, plus travailleurs que leurs hôtes, possèdent les plus belles paillottes du village; ils cultivent généralement le riz et le coton, et leur esprit commercial leur permet d'engager quelques pirogues pour transporter leurs denrées sur Kratié et Pnom-Penh.

A côté d'eux l'inévitable Chinois s'enrichit, tenant toujours la factorerie du village et ne craignant pas de demander des prix

LE POSTE D'ATTOPEU.

exorbitants d'une pacotille très variée, mais aussi bien souvent en piteux état. On s'est beaucoup plaint de la présence de ces bazars chinois dans les villages de l'intérieur; cependant, je ne vois guère comment on pourrait les remplacer. Seule, une concession générale de toutes les factoreries du Cambodge, comparable à celle du du Syndicat du Haut-Laos, pourrait tuer l'initiative privée de ces commerçants de race jaune, mais on aurait affaire à forte partie. En effet, le Chinois sait approprier sa marchandise au goût de l'indigène; rien de son stock ne se perd, tout se vend, et il renouvelle ses approvisionnements au passage des chaloupes en saison des pluies. C'est à cette qualité essentielle que le Chinois doit sa prépondérance sur le commerçant français ; nous avons le tort de vouloir imposer à ces populations nos produits tels que nous les employons en Europe. Aussi devons-nous les garder en magasin pendant que l'indigène court au marchand chinois.

On en a vu, il y a quelque temps, un exemple frappant : des Laotiens quittant un village où il y avait une factorerie française pour aller acheter à côté, chez le Chinois, des couvertures à leur goût, et ces couvertures avaient été, sur les modèles du vendeur et à sa demande, fabriquées à Manchester !!!

DÉPART D'UN CONVOI DE PIROGUES A STUNG-TRENG.

Dès le lendemain matin, nous quittons Sambor pour nous diriger sur Stung-Treng, distant d'environ 80 kilomètres. Après avoir reconnu Sré-Kas-Chao, dont il est fait mention sur la carte Pavie, nous entrons dans une région qui donne un aspect nouveau au Mékong : la forêt inondée.

Ce sont des palétuviers, totalement couverts par les eaux à la saison des pluies, ce qui leur prête une apparence très particulière à la saison sèche. Inclinés dans le sens du cours de la rivière, leurs longues branches tendues toutes vers le même point, ils semblent implorer quelque divinité mythologique. Leurs racines sont mises à nu par la violence du courant. De nombreux oiseaux perchent sur leurs branches en poussant des cris discordants.

* * *

A un kilomètre de la Sé-Sambor, entre Sambor et Sré-Kas-Chao, nous remarquons un village abandonné mais dont les plantations de bananiers subsistaient encore. J'aurai l'occasion, dans ce récit, d'en signaler plusieurs; il faut attribuer ce déplacement de la population indigène à la formation des centres commerciaux, c'est-à-dire à notre influence. Je pense que l'abandon de ce village a été dû au développement de Stung-Treng.

Après avoir passé la grande île de Siem-Boc, nous tombons dans les rapides de Préapatang, qui se prolongent de l'extrémité de l'île au village de Siem-Boc. Après Préapatang, la série de biefs coupés de rapides recommence jusqu'à Stung-Treng.

Notre dernier campement avait été à Tarkentoc, nouveau village d'une assez grande importance et situé à l'extrémité sud de l'île précédant Stung-Treng. Le principal commerce est celui du poisson. De nombreuses femmes, entièrement nues, y préparent le *gnoc-man*, cette sauce au poisson pourri si goûtée des Annamites. L'immonde mixture est délayée dans une vieille pirogue, en agitant les ingrédients au moyen d'un gros bambou muni d'un tampon à son extrémité et en avançant d'un bout à l'autre de la pirogue les pieds dans ce liquide répugnant. Toutefois, il faut avouer que le gnoc-man, quand on ne l'a point vu faire et qu'il est servi dans de jolies tasses chinoises, semble à l'Européen une sauce épicée qui n'a rien de désagréable au palais.

Trois heures après, nous arrivions à Stung-Treng. Nous avions mis quatre jours pleins pour venir de Sambor; ce retard tenait à la difficulté de remonter les rapides de Préapatang : il nous avait fallu parfois donner l'assaut cinq ou six fois avant de passer certains courants violents.

* * *

Stung-Treng est la porte du Laos; l'administration n'y est plus la même; on rentre dans le « dominion » de la Cochinchine, et ce sont des administrateurs qui sont les fonctionnaires.

Stung-Treng est, par sa situation même, un point destiné à devenir important et à s'agrandir chaque jour. Placé au confluent du Mékong et de la Sékong, il est une des escales principales du Bassac en saison des pluies et le rendez-vous des convois de pirogues à destination de Bassac ou d'Attôpeu, en saison sèche. Mais il faut avouer, comme je l'ai dit plus haut, que ce commerce est tout superficiel; les pirogues, pouvant tout juste contenir les approvisionnements nécessaires aux troupes et aux fonctionnaires, ne transportent en outre que quelques fruits, un peu de coton et quelque pacotille à destination des bazars Chinois. Le Bassac est plus que suffisant en saison des pluies pour le maigre commerce des rives du Mékong.

Ce qu'on doit accorder à Stung-Treng, c'est un aspect moins misérable que les pauvres villages des environs et une population plus nombreuse, plus grouillante, mais aussi plus disparate. A Stung-Treng descendent de la montagne de nombreux Pnoms (1), Cambodgiens ou des Khâts Laotiens. Ces deux races montagnardes du Cambodge et du Laos ne diffèrent que par le nom et le pays qu'elles habitent; ce sont exactement les mêmes hommes. Vêtus du sampot roulé en ficelle autour des reins, une partie passant entre les cuisses, ils présentent un aspect plus mâle, plus vigoureux que le Cambodgien ou le Laotien de la plaine. Ils sont très actifs, mais on ne peut les faire travailler sans avoir recours aux menaces; aussi cette population est-elle plus fière et moins douce que les habitants des bords du Mékong. Ils vivent surtout des produits de leur chasse. Le plus souvent ils achètent aux caravanes de marchands birmans, qui descendent à pied en suivant les bords du Mékong, des fusils de fabrication anglaise, car nous défendons aux commerçants français de vendre des armes. Parfois on les voit armés d'une sorte d'arbalète minuscule en bois de fer lançant des flèches en roseau barbelées de feuilles de palmier coupées en biseau. Ils se servent d'un poison violent qui rend cette arme dangereuse.

Jamais on n'a vu ces peuplades user de violence à l'égard de gens de la plaine; au contraire, ils ne manquent point de porter annuellement des présents aux Muongs. La race khâtte vient ainsi fréquemment se mêler dans les marchés aux races de la plaine, mais elles vivent absolument séparées. Au lieu de faire une distinction entre le Cambodgien et le Laotien, il serait bien plus simple de diviser les races en « riverains » et « montagnards », car les caractères et coutumes sont absolument distincts chez ces derniers.

Si physiquement le Laotien ressemble au Cambodgien, il y a cependant entre eux une différence morale assez grande dont leurs bonzes offrent l'exemple. Le bonze laotien est avide de plaisirs et vieillit rarement dans les bonzeries. Tout au contraire, au Cambodge, on trouve des bonzes d'un âge respectable.

Ici, il est nécessaire de s'étendre un peu sur la question de l'éducation des hautes classes et sur la bonzerie au Cambodge comme au Laos. La bonzerie n'a pas seulement un caractère religieux, elle est aussi une maison d'éducation. Tout jeune homme libre et de parents libres, quel que soit son âge, peut étudier dans la bonzerie; il doit auparavant faire vœu de chasteté, la moindre

(1) *Pnom* signifie *montagne* ou *montagnard* en cambodgien. Khât est la population montagnarde du Laos.

infraction à cet engagement le fait rentrer dans le commun des mortels, et le travail intellectuel à la bonzerie lui est fermé. Chacun de ces jeunes bonzes figure dans les cérémonies religieuses; ils peuvent circuler librement, mais sont séparés, lorsqu'ils travaillent, et occupent des cases particulières, comparables aux cellules de nos religieux. Les écrits appartenant à la bonzerie sont mis, sur leur demande, à leur disposition. Les bonzes portent tous le sampot et une longue robe jaune, marque distinctive de leur caste. Le bonze qui veut se marier ou a manqué à ses vœux

RAPIDES ET BIEFS A ILÔTS.

est dépouillé de cet insigne, mais il n'en résulte pour lui aucun déshonneur; il perd simplement le privilège intellectuel de séjour dans la bonzerie pour tomber sous la domination des mandarins, et partant il devient corvéable comme un simple citoyen.

Contrairement aux couvents chinois, qui sont isolés sur des montagnes, il y a des bonzeries dans tous les villages, même les moins peuplés. Les bonzes vivent de la charité publique. Leur population se compose ainsi de deux éléments : les jeunes bonzes, fort nombreux, mais quittant le plus souvent la bonzerie à l'âge de l'adolescence, et les vieux bonzes, dont les jeunes honorent la vertu et le long travail intellectuel, puisqu'ils ont pu étudier pendant de nombreuses années et ont préféré l'étude au plaisir.

La caste des bonzes est supérieure en instruction à la classe des mandarins, et, au Cambodge, le vieux bonze resté vertueux est un grand obstacle à l'extension de notre religion. Au Laos, au contraire, nos missionnaires se trouvent en face de jeunes hommes

LE SATHOUK, CHEF DES BONZES.

dont les convictions et la faculté de raisonnement ne sont pas encore formées.

L'aspect de Stung-Treng est des plus agréables pour les voyageurs ; la route large et bordée de cocotiers qui suit les rives du fleuve fait une promenade très pittoresque ; de là on peut jouir du coup d'œil superbe que présente le confluent de la Sékong et du Mékong, dont les eaux s'étendent en cet endroit en un large bief bordé de bancs de sable et de hautes forêts.

***

A quinze kilomètres en amont de Stung-Treng sur le Mékong commence une série de rapides qui présentent un nouvel aspect. Le fleuve est coupé en cet endroit par de petits îlots qu'entourent les eaux furieuses; puis ce sont de calmes biefs où les mêmes îlots servent de refuge à des quantités d'aigrettes, d'ibis noirs ou de grues Antigones. Sur les rives, la forêt de palétuviers, telle qu'elle a été décrite plus haut.

Cependant le fond du paysage se présente plus varié, car l'horizon est borné, à partir de Toulé-Repoue, par les premiers contreforts des Pnom-Dong, formant les lignes de partage des eaux qui vont se jeter dans le Tonlé-Sap et des affluents de la Sé-Moun, qui arrose Oubon. Peu à peu ces collines s'élèvent, et la région montagneuse de Khôn apparaît fournissant au voyageur une série de sites tout nouveaux.

C'est à Khôn qu'existent les fameuses chutes infranchissables qui ont nécessité le transport du *La Grandière* sur un chariot monté sur rails. En effet, le Mékong se divise là en plusieurs branches dont les eaux tumultueuses et coupées de hautes cascades ôtent toute idée de passage par voie fluviale. Aussi faut-il renoncer à y employer le Mékong comme voie de communication. Khôn explique également le mouvement du commerce indigène à travers le Siam, mouvement contre lequel nous ne pouvons lutter actuellement que par l'ouverture des routes de caravanes d'Attopeu à la côte annamite.

En saison sèche, les chutes de Khôn-Nord sont d'une sauvagerie grandiose ; là seulement les roches primaires ont pu résister à la violence des eaux. Les uniques habitants de ces déserts, comparables à l'antique chaos, sont de grands marabouts ou des bandes de faucons charognards et de vautours. Cependant, au-dessus des endroits battus par les eaux, la forêt est superbe et son ombre épaisse permet au voyageur d'admirer le magnifique panorama des chutes sans être brûlé par le soleil.

L'aspect des chutes de Khôn-Sud, de Khôn-Ouest et Khôn-Est est un peu plus riant, la forêt s'étend plus sur les bords, et l'impétuosité des eaux y est moindre en saison des pluies. Un des plus jolis endroits de Khôn est la baie de Puységur, calme et riante en saison sèche, formant un tourbillon terrible en saison des pluies. C'est dans ce tourbillon qu'ont été engloutis le malheureux lieutenant de Puységur et ses hommes. Le seul commerce de Khôn, qui ne produit de riz que pour sa consommation, est l'huile tirée du yao, très commun dans la forêt et servant à faire des torches.

Il y a dans le village peu important de Khôn-Sud une section de tirailleurs annamites. On y voit aussi l'habitation du commissaire de la marine chargé du chemin de fer de Khôn-Nord-Khôn-Sud. Ce railway à voie normale ne possède en fait de train qu'une plate-forme poussée à bras d'hommes. Le commissaire de la marine s'est fait construire, à l'extrémité de la ligne, une paillotte laotienne ingénieusement appropriée aux besoins européens.

Il est nécessaire de signaler ici la différence capitale qui existe entre la paillotte laotienne et la paillotte cambodgienne. Le Laotien construit son habitation sur pilotis, c'est-à-dire perchée sur de hauts bambous, et la couvre d'un chaume de paille de riz. Le Cambodgien, au contraire, se fait un sol de terre battue et préfère la couverture en feuilles de palmier. La paillotte laotienne est généralement préférée par nos fonctionnaires du Cambodge et du Laos, car l'humidité n'y pénètre pas en saison des pluies ; en outre, l'air circule tout autour de la maison et donne une atmosphère plus fraîche.

***

Le surlendemain nous quittâmes les aimables habitants de Khôn pour nous rendre à Kong, point central de la garnison (1) du Laos cochinchinois. Entre Khôn et Khong, le Mékong ne change pas d'aspect; il est coupé d'îlots comme avant les chutes.

Nous fûmes reçus à Khong par la colonie d'officiers et d'administrateurs qui forment la population européenne. Nous n'avions d'ailleurs à visiter là que les quartiers de la légion et des tirailleurs. Comme d'ailleurs sur tous les bords du Mékong à partir de Kratié, les habitations sont en paillotte. On a eu le tort de les construire au ras du sol, ce qui les rend humides en hiver; toutefois la mortalité est relativement faible, sept à huit décès par an sur sept cents hommes; cette proportion peu considérable n'a pas empêché les journaux métropolitains de calomnier le malheureux poste de Khong, que l'on a dépeint comme un endroit mortel.

Il est assez curieux de voir se dérouler au milieu de ces constructions légères la même vie de caserne que nous connaissons en France, mais ce qui est plus original, c'est le côté des tirailleurs annamites, dont plusieurs vivent en famille au quartier. La famille entière est immatriculée avec le tirailleur, et cette vie, à la fois militaire et patriarcale, produit d'excellents petits soldats, habiles tireurs, lestes et intelligents.

(1) Un bataillon de tirailleurs, une compagnie de la légion étrangère.

De Khong jusqu'à Phia-Phay (1), s'étend un large bief qui peut être navigable pour une chaloupe à vapeur. C'est à Khong qu'on amarre le *Monoroue* envoyé d'Hanoï pour le service du haut Mékong (le *Monoroue* est un vapeur de très faible tirant d'eau muni d'une roue unique à l'arrière). C'est donc avec la chaloupe à vapeur de l'administrateur, le *Hàm*, que nous avons remonté cette partie du fleuve. Nous faisions fuir, des nombreux bancs de sable où ils jouaient, des bandes de singes de toutes les races : macaques noirs poussant des grognements sourds ; singes verts ou cynocéphales.

STUNG-TRENG.

Parfois aussi nous apercevions le gibbon à la longue queue blanche, qu'on n'a jamais pu acclimater dans nos pays et dont la fourrure d'un gris cendré est des plus agréables à l'œil. Après deux heures de navigation, nous atteignîmes Phia-Phay, dont la distance est de quinze kilomètres de Bassac ou plutôt de Bam-Muong, notre poste français, situé exactement en face de la ville sur la rive gauche.

L'aspect de Bam-Muong est tout à fait différent de ce que nous avions vu jusque-là. Nous étions dans une véritable région montagneuse dominée par le pic de Lagrée, qui donne un aspect grandiose au pays environnant. Le Mékong se présente là dans sa

(1) Fia-Fai (carte Pavie) prononcez Pfia-Pfaz *Vadouci* (Phia-Phay).

grande largeur, et c'est à peine si l'on aperçoit les rives de Bassac.

Bam-Muong n'est pour le moment qu'un simple poste de la légion (une compagnie); le point central du commerce en cet endroit est à Bassac, ville siamoise où réside le gouverneur de la province, le fameux roi de Bassac. Nous dûmes rester quelques jours à Bam-Muong afin d'organiser notre expédition d'Attopeu,

KHOU (NORD).

et nous ne pouvons passer sous silence l'aimable hospitalité des officiers du poste.

Durant ce court séjour, nous allâmes rendre visite au roi de Bassac dans la ville. Celle-ci est construite, comme les villages des bords du Mékong, tout en longueur sur le fleuve. Ce sont des séries de paillottes habitées presque toutes par des pêcheurs. Le palais du roi de Bassac ne diffère guère des habitations de ses sujets, sauf que la paillotte du prince est plus grande et plus élevée que les autres. Grâce à l'appui de M. Dombret, notre agent consulaire et le directeur de la factorerie de Bassac, dépendant du Syndicat du Haut-Laos, nous fûmes reçus par le roi lui-même. Vêtu du traditionnel sampot et d'une veste blanche à l'européenne, il avait l'air intelligent et faux de l'Asiatique et portait la moustache et la mouche. Autour de lui, ses objets usuels, mi-argent et mi-or, s'étalaient avec un certain désordre. Le fond de la paillotte était encombré d'objets divers : pendules empire en faux bronze doré, curiosités chinoises de grande valeur, lampes à pétrole de toutes les formes, etc., etc. Un fauteuil en velours rouge, tel que nos concierges en possèdent pour meubler leur loge, lui servait de trône, et sur une grande table, au centre, se trouvaient déposés deux grands verres d'eau et des soucoupes pleines de cigarettes de tabac cambodgien. Nous prîmes place autour de la table, et le roi nous offrit avec un aimable sourire quelques cigarettes d'un tabac très épicé et roulé dans des feuilles de palmier. Nous lui demandâmes, par l'intermédiaire de notre interprète, s'il comptait venir à la prochaine Exposition universelle à Paris; il répondit qu'il s'y rendrait volontiers, si ce n'était la difficulté d'obtenir la permission du roi de Siam, son suzerain. L'un de nous risqua qu'il lui serait bien facile de le faire, puisqu'il n'avait qu'à traverser le fleuve pour se trouver en pays français. A ces mots, le roi sourit, de ce sourire indéfinissable spécial aux Asiatiques, mais se garda bien de répondre.

J'ai entendu dire plus tard qu'au début de l'occupation française du Laos, les habitants de Bassac, très contents, et amusés des verroteries et autres babioles apportées chez eux par les commerçants, désiraient ardemment nous voir maîtres de leur ville. Depuis, les partis se sont divisés, et la raison est que les gens de Bassac ont vu *leurs parents* de l'autre rive travailler à la construction des postes. Or, le Laotien a horreur du travail, et le roi de Bassac ne désire l'occupation que si ses sujets y consentent.

Quittant le terrain scabreux où nous avions engagé la conversation, nous lui rappelâmes l'expédition Francis Garnier et Doudard de Lagrée, qu'il avait si bien reçue, et ce n'est pas sans une certaine émotion qu'il nous parla des courageux explorateurs, pour lesquels il professe la plus vive admiration.

Après avoir pris congé du roi de Bassac, nous rejoignîmes Bam-Muong au coucher du soleil, non sans avoir traversé en pirogue la foule des baigneurs qui afflue vers le fleuve à cette heure du jour, en dépit des crocodiles, d'ailleurs peu nombreux dans ces régions. C'est pendant cette traversée que nous eûmes l'explication d'un phénomène qui nous avait fortement intrigués. Presque tous les soirs, vers six heures, nous entendions sous nos pirogues un sourd, mais assez violent bourdonnement, et nous ne voyions rien d'anormal à la surface du fleuve. Nous avions attribué ce bruit aux poissons souffleurs. Un des officiers du poste nous donna le mot de l'énigme. Ce sont des bandes d'un petit poisson spécial au Mékong et excessivement nombreux dans le fleuve, qui produisent ce bruit en frottant leur épine dorsale sur le fond de la pirogue. On ne les entend guère que le soir, parce qu'à cette heure ils montent à la surface.

Le lendemain, après avoir pris congé de nos hôtes, nous nous rendîmes à Phya-Phay par la voie de terre. La route est assez bien tracée pour des piétons ou des cavaliers, mais impraticable pour des charrettes à bœufs. D'ailleurs, ce mode de locomotion, très employé au Siam, est peu connu au Laos.

II

DE PHYA-PHAY A ATTOPEU (MUONG-KAO).

Dès le point du jour, après une toilette hâtive dans le fleuve, nous nous dépêchâmes de boucler nos matelas cambodgiens et nos couvertures et de les distribuer aux porteurs. Des éléphants, fournis par le phya (Maire) Mahatila, portaient le reste de nos bagages. Pendant cinq heures nous traversâmes des rizières asséchées. La culture du riz n'est possible au Cambodge et au Laos qu'à la saison des pluies. Aussi le Laotien ne travaille-t-il qu'à cette époque. Il quitte alors les bords du fleuve pour se rendre à l'endroit qu'il juge le plus propre à la production du riz. Dans ces régions règne le droit du premier occupant. Après avoir récolté sa provision pour l'année, la saison sèche arrivée, il revient à son village pour y mener la vie calme et paisible, pêchant et chassant afin de varier sa nourriture, dont le fond est toujours le riz.

A l'époque de l'année où nous étions, les rizières avaient absolument l'aspect de déserts, et nous passions parfois plus de trois heures sans trouver une goutte d'eau. Nous nous arrêtâmes à Kien-Muong (1), un village entier déserté par ses habitants. Ceux-ci sont actuellement à Phya-Phay ou à Bam-Muong.

Entre Kien-Muong et Bam-Falai. où nous nous arrêtâmes pour passer la nuit, on traverse le fleuve. On ne peut se faire une idée de l'exubérance de végétation qu'on rencontre en ces forêts épaisses. Le soleil n'y pénètre jamais, malgré toute son ardeur ; les arbres entrelacés, élevés souvent de plus de quarante mètres, semblent ne faire qu'un seul. A leur pied pousse une végétation touffue et impénétrable que l'œil ne saurait percer même à un mètre de distance. En entrant sous ces ombrages, une fraîcheur humide et douce envahit le corps du voyageur, il lui semble pénétrer dans

(1) Kieng-Muong (carte Pavie).

un Eden inconnu, tant la température y est agréable et le jour tamisé; cependant, s'il se repose en cet endroit, s'il y dort le soir, la fièvre des bois le guette, et le plus souvent elle ne pardonne pas.

Notre arrivée à Bam-Falai produisit une certaine impression. Le tiao (chef du village) vint à nous, apportant les présents d'usage, des œufs et quelques bananes présentés dans une coupe de cuivre ciselé. Puis on nous installa dans la salah (1), située dans tous les villages non loin de la bonzerie, l'asile de l'hôte étant sacré comme celui du dieu lui-même.

NAVIGATION SUR LES BORDS, PRÈS D'UNE FORÊT DE PALÉTUVIERS.

Bam-Falai est au milieu de la forêt épaisse, dans une vaste clairière très cultivée en saison des pluies. Le village semble riche et les habitants heureux : la culture du riz leur fournit de quoi vivre, et l'eau de la rivière est d'une fraîcheur délicieuse. C'est tout ce que demande l'ambition laotienne; aussi ces gens respirent-ils le bonheur. Sans envie du luxe relatif de la haute classe, sans désir d'augmenter leurs jouissances, ces hommes vivent calmes, heureux et libres. Pauvres gens qui sourient dans leur naïve ignorance, au passage de l'Européen! Ils ne savent pas tout ce que cet homme blanc leur apporte de soucis et de misères dans l'avenir avec ce qu'il appelle « la civilisation ».

Nous quittâmes le lendemain matin ce village hospitalier pour nous lancer à nouveau dans la forêt épaisse. C'est dans le lit d'un arroyo desséché, situé à une vingtaine de kilomètres de Bam-Falai, que nous fîmes notre halte du premier repas; nous avions eu de

(1) Paillotte réservée aux étrangers.

la peine à trouver de l'eau, et le lieu que nous avions choisi n'était pas des meilleurs. Dans un des tournants de l'arroyo était un trou creusé par les hôtes de la forêt; l'eau en était jaune et bourbeuse, et cependant de nombreuses traces prouvaient que cet endroit était, à la nuit, l'abreuvoir d'une quantité d'animaux. Heureuse-

CHUTES DE KHOU (NORD).

ment l'ombre épaisse des yaos donnait à ce coin désolé une certaine fraîcheur.

Six heures après, nous atteignîmes Kampo, village d'une assez grande importance situé sur la Sé-Kampo. Cette rivière n'assèche pas complètement, et c'est avec une grande joie que nous nous délectâmes d'une eau fraîche et abondante.

Nos hommes, quittant leur pagne, s'y précipitèrent aussitôt. La gaieté nous était revenue avec la fraîcheur du bain, et nous nous amusions à les regarder, quand l'un de nous constata avec étonnement que leur nombre s'était accru d'un individu. Quel pouvait être cet intrus dans notre caravane? Appelant notre cuisinier annamite, lequel cumulait avec ses fonctions importantes celle d'interprète, nous lui posâmes la question :

— Çà, répondit-il dans le naïf français de Saïgon, ça y en a esclave à moi.

— Comment, ton esclave! mais tu sais fort bien qu'en pays français on n'en possède pas; cet homme est libre aussi bien que toi.

— Non, lui esclave, lui peut pas décamper. Moi nourrir lui, lui esclave à moi.

— C'est bien, appelle cet homme et dis-lui de s'en aller, nous n'en voulons pas avec nous.

— Lui, petit frère moi, insinua piteusement l'Annamite, essayant de se rattraper.

Mais nous nous montrâmes inflexibles.

Notre cuisinier n'avait pas absolument menti en disant que cet homme était son frère; bien que portant le langouti laotien, il était de race annamite. Sans doute quelque échappé de Poulo-Condor réfugié là et dont la vie est destinée à se terminer dans l'esclavage.

On s'étonnera de m'entendre prononcer ce mot en parlant d'un pays placé sous l'administration française; cependant, il faut l'avouer, nous n'avons pas encore assez d'influence pour réprimer cet abus. L'esclavage existe, mais d'une façon particulière qui permet à nos fonctionnaires de fermer les yeux, sauf dans des cas trop flagrants. Le commerce des esclaves ne se fait pas au Laos, mais il y a l'esclavage pour dettes, c'est-à-dire que le créancier a le droit, si son débiteur est insolvable, de réclamer de lui ou de sa famille un payement intégral en travaux à exécuter sur place. A partir de ce moment, le débiteur vit chez le créancier, qui lui doit la nourriture et le logement; lui ou ses enfants peuvent regagner leur liberté au bout d'un certain temps, suivant l'importance de la dette. Dans la pratique, on se trouve en face du véritable esclavage, car les bras étant rares dans ce pays, le créancier a toujours soin de pousser son esclave à contracter de nouvelles dettes pour avoir indéfiniment la main sur lui. Aussi trouve-t-on au Siam et au Laos des générations d'esclaves. Ces derniers forment, en réalité, une classe spéciale de la société laotienne.

La partie la plus douce de notre route était terminée à Kampo; à peine eûmes-nous quitté le village que nous tombâmes dans la forêt claire, aspect spécial au Siam et au Laos. Rien de plus désolé que le pays que nous traversions. Un sable épais couvre la terre, brûlant à la chaleur du soleil; des yaos rabougris apparaissent de temps à autre, présentant au bout de leurs branches quelques feuilles parcheminées. Nos chevaux brisaient à leur passage des cônes élevés de quelques centimètres et produits par des vers avides de terre fraîche et profondément enfouis dans le sol. Là, plus de traces d'animaux; c'est le désert boisé. Seul, apparaît parfois dans ces solitudes le concathan ou élan asiatique; encore y est-il fort rare. Grillés par le soleil, la tête en feu, nous cheminions péniblement sur ce sol mou et parsemé d'obstacles. C'était le revers de la médaille.

Ce ne fut pas sans un certain plaisir que, vers la fin de la journée, après avoir parcouru 35 kilomètres, nous aperçûmes une mare d'eau peu limpide et peu abondante, mais suffisante pour nos éléphants et pour nous. Nous passâmes la nuit dans cet Eden, sûrs du moins de ne pas être dérangés par les bêtes féroces.

Nous avions eu cependant à traverser dans la journée la Sé-Pien, mais ce court séjour au bord de l'eau nous avait fait sentir encore plus les désagréments de la forêt claire. Reprenant le lendemain notre route, nous n'étions pas fâchés d'apercevoir à l'horizon la chaîne des monts Ta-Pac (Ta-Pa : carte Pavie) qui forment la vallée de la Sé-Kémen. Au pied du mont des Khâts-Ta-Pac, sommet important qui domine les premiers contreforts, est un arroyo assez large, le Houay-Derra, qui court du nord au sud et va se jeter dans la Sévong, entre Mé-Nay et Tam-Ngao, vraisemblablement à la première boucle au nord de Tam-Ngao. En outre, nous avions remarqué sur le cours de la Sé-Pien une industrie laotienne qui mérite d'être mentionnée. La rivière est en cet endroit remarquablement riche en sel. Les indigènes distillent cette eau dans de grandes bassines et en recueillent précieusement les cristaux. Il est certain que la Sé-Pien passe sur des mines de sel gemme; à l'appui de cette opinion, je dirai que l'eau se retrouve douce à 300 mètres de là. L'exploitation se fait en petit par les indigènes qui ont creusé des citernes où ils puisent en saison sèche les restes d'eau de la rivière plus salés que l'eau de mer elle-même. Ils obtiennent un sel fin et grisâtre qui est excellent. Les caravanes pourraient transporter en saison sèche les produits de cette industrie jusqu'à Fia-Fai, tandis que pendant les pluies le « Bassac » et le « Monoroue » les transporteraient jusqu'à Saïgon; ils auraient seulement à subir un transbordement à Khôn.

Nous avions mis six heures, au travers de la forêt claire, pour rejoindre cet arroyo. C'est sur les bords du Houay-Derra, à l'abri de l'ombre épaisse fournie par les arbres de la rive, que nous établîmes notre halte de midi. Pendant que nous prenions au frais du repos après notre marche au soleil, une musique bizarre vint frapper nos oreilles. On eût dit les sons lointains d'un orgue, et le bruit semblait se rapprocher. Intrigués, nous nous avançâmes vers l'endroit d'où il venait, et nous ne tardâmes pas à apercevoir une bande d'indigènes aux formes vigoureuses, descendant à pied de la direction des monts Ta-Pac et se dirigeant vers l'est. C'étaient des Khâts ou sauvages des montagnes laotiennes.

***

Les Khâts, comme nous l'avons déjà dit, ont une grande analogie avec les Pnoms du Cambodge, mais ceux-ci avaient cela de particulier qu'ils portaient avec eux leurs armes et leur campement. Voici comment défilait la caravane : en tête, un jeune homme tenant à la main l'instrument dont les sons avaient frappé nos oreilles. Il se compose d'une série de chalumeaux de différentes longueurs, reliés entre eux par un bourrelet muni d'un trou et creux à l'intérieur. Ces chalumeaux sont percés de plusieurs trous et forment les tuyaux de cet orgue primitif. Derrière le jeune homme, un ancien tenait en laisse un cochon noir (1). C'est, nous dit-on, le don destiné au muong. Ces Khâts allaient donc simplement rendre l'hommage annuel à leur chef de canton. A la suite de l'ancien et autour de lui marchaient des hommes jeunes et vigoureux, les uns armés de lances en bambou au fer tranchant, les autres de sabres courbes et carrés du bout, d'autres encore, de l'arbalète dont il a été parlé plus haut. Ensuite venaient les femmes et les enfants, et, formant l'arrière-garde, deux hommes armés de lances, à quelque distance des autres. Hommes et femmes étaient ornés de leurs colliers de verroteries, mais leur costume était le rudimentaire langouti. Tous ces gens ne manifestèrent aucune crainte ni aucune hostilité en nous apercevant; ils firent même halte non loin de nous pour se baigner et se laissèrent examiner, sans étonnement; cependant, à part l'officier du poste d'Atuopet et l'administrateur, il n'y avait aucun Européen dans la région.

ENVIRONS DE STUNG-TRENG.

Arbre dont les racines ont été mises à nu par la violence des eaux en saison des pluies.

(1) Les porcs sont noirs en Indo-Chine.

En quittant les bords hospitaliers du Houay-Derra, nous nous enfonçâmes dans la forêt claire. Mais les villages se reconnaissant facilement de loin aux cultures de bananiers qui entourent les cases, les hauteurs boisées égayaient, cette fois, le tableau. Par moments aussi, des lits d'arroyos peu importants et presque entièrement desséchés nous fournissaient des endroits couverts où

KHOU (OUEST).

poussait le manguier sauvage. Nos hommes firent une ample provision de ces fruits savoureux si agréables aux gosiers desséchés. Malheureusement, la mangue, qu'ils mangent verte, est des plus nuisibles à la santé et peut facilement donner, en raison de sa fraîcheur même, des accès de choléra ou de fièvre.

A six heures du soir, nous atteignîmes le petit village d'Arn-Bam-Pouy, situé à peu près à égale distance de Tu-Tieng et de Ouc, à la rencontre de la route d'Attopeu avec la Sékong. Arn-Bam-Pouy se compose d'une dizaine de paillottes, mais possède une bonzerie importante. Autour du village, il y a de nombreuses rizières gagnées sur la forêt. C'est le genre de culture laotienne tel qu'il a été décrit plus haut.

Le lendemain, dès six heures, nous quittâmes Arn-Bam-Pouy, afin de nous rendre, en une seule et dernière étape, au but de notre voyage, Attopeu.

Après avoir parcouru 32 kilomètres, nous arrivâmes, à trois heures et demie, au grand village de Muong-May, dans un pays cultivé où la végétation était florissante. Là, nous attendaient en grande pompe les autorités du village, afin de rendre leurs devoirs à l'administrateur d'Attopeu qui nous accompagnait. Tous s'étaient mis en grande tenue (sampot de soie). En tête, le plus haut dignitaire du village, le *Chau-Muong* (1), derrière lui, l'*Opaahat;* venaient ensuite le *Latsavong* et le *Latsabout*, avec d'autres mandarins de moindre importance. Tous ces dignitaires paraissaient méfiants, malgré leur amabilité apparente. L'administrateur nous expliqua ce sentiment de leur part. Dans quelques jours, en effet, devait avoir lieu la prise de possession par l'administration française de ce poste, gouverné jusqu'ici par ces mêmes hommes relevant du roi de Siam.

Nos hôtes nous offrirent des cocos rafraîchis et tout préparés dont l'eau agréable nous fit le plus grand plaisir. Ensuite, il nous fallut songer à nous diriger sur le poste d'Attopeu, situé en face du village de Muong-Kao sur la Sé-Kéman. Force nous fut de traverser la Sékong, et le passage ne s'effectua pas sans difficulté. Pour les éléphants ce fut facile, mais il n'en fut pas de même pour les chevaux. Il fallut à grands efforts tirer les pauvres animaux à la remorque de pirogues réquisitionnées pour nous, et nos montures ne parvinrent à l'autre rive qu'après avoir bu beaucoup plus qu'elles ne désiraient. Nous atteignîmes Muong-Kao à cinq heures du soir et nous trouvâmes, après en avoir été privés dix jours, une installation que son médiocre confortable européen faisait ressembler pour nous au plus beau des palais.

Le poste d'Attopeu est un modèle de construction pratique pour les pays chauds; on le doit à l'initiative intelligente de M. Ruhle. Monté sur des pieux de 12 mètres de haut, pris à la forêt voisine, le bâtiment de l'Inspection (2) a assez grand air. Le plancher de la case est à 3 mètres du sol; sur ce plancher repose une bâtisse en torchis haute de 5 mètres, et à 4 mètres au-dessus de cette bâtisse on a placé un toit de paille de riz absolument impénétrable au soleil et aux pluies. L'avantage d'une telle habitation est que l'air y circule de tous les côtés en donnant à l'intérieur une délicieuse fraîcheur.

(1) Prononcez Tchiao-Muong.
(2) Ainsi nomme-t-on là-bas les postes d'administrateur.

Aux environs d'Attopeu et sur presque tout le plateau des Bahnars on a signalé des mines d'or. Cette industrie est appelée à donner une grande importance au poste d'Attopeu, qui est situé en face de Tourane et sur la Sékong. L'administrateur nous a montré, recueillies dans une bouteille, un certain nombre de pépites d'or ramassées dans les rivières des environs. La présence de ce métal précieux dans ces régions est donc incontestable. La grosse question actuellement est de savoir s'il y a des mines d'or de réelle importance. Les expériences faites à Korat et dans bien d'autres parties du Siam nous ont mis en présence de mines à poches, dont le revenu irrégulier rend l'exploitation difficile, à cause du jeu énorme qui se fait sur de tels filons. Il est inutile d'insister sur la façon dont on se sert des mines à poches lointaines pour mener un jeu de Bourse dont le résultat est presque toujours l'abandon de l'affaire au bout de quelques mois.

Pendant que nous regardions ces brillantes pépites, espoir de la colonie future, j'aperçus dans un coin de la maison quelque chose qui se mouvait lentement. Il me sembla que c'était une petite feuille; je voyais ses nervures, sa queue, et cependant cette feuille marchait et semblait douée d'une vie animale. M'en emparant pour la regarder attentivement, je constatai un mouvement nerveux et une agitation extraordinaire; j'étais donc en présence d'un animal! Si j'avais été naturaliste plus instruit, j'aurais su que cet animal se nommait « Phillia » et est assez commun dans les pays extrême-orientaux. J'ai eu d'ailleurs depuis l'occasion de constater que M. de Beauvoir en fait mention dans son récit de voyage à Java.

Tandis que j'observais avec attention la curieuse nature de la « Phillia », j'aperçus un grand nombre de mandarins s'avançant vers le poste en grand costume (1). J'interrogeai l'administrateur; il me répondit que nous allions assister à la prise de possession définitive de la province d'Attopeu par l'administration française. Tous les mandarins que nous avions rencontrés et qui nous avaient si bien reçus à Muong-May étaient réunis dans la grande salle de l'Inspection. M. Ruhle sortit alors du coffre-fort des écharpes tricolores et des décorations de l'Annam dont les brillants ne manquèrent pas d'attirer les yeux des mandarins, puis il leur dit :

« Le Gouvernement français, dans sa bonté pour vous, me charge de vous remettre ces insignes ainsi que ces décorations, car désormais vous êtes appelés à le servir toujours. Jamais nous n'abandonnerons le Laos, vous n'avez donc rien à craindre des Siamois. D'ailleurs, outre les soldats qui sont là, nous aurons à l'Administration des agents de police (la milice) au nombre de 24, qui serviront à vous faire obéir. J'ai trouvé cela nécessaire, car j'ai

(1) Sampot de soie et veste blanche.

remarqué, dans la dernière période de mon administration, que plusieurs ordres donnés par moi et, je n'en doute pas, transmis par vous, n'ont pas été accomplis. Ainsi, vous aurez à votre disposition une police; en outre, la France ayant remarqué les difficultés que vous aviez à percevoir les impôts, vous offre des appointements fixes. (Sourire des mandarins.)

Le chau aura.	100	piastres (par mois)
L'opaahat	50	— —
Le latsavong	35	— —
Le latsabout.	25	— —

« Mais, par contre, l'administrateur, à partir d'aujourd'hui, percevra l'impôt par village et d'une façon plus régulière. » (Mouvements de l'assistance, les uns approbatifs, mais, chez les vieux, désapprobatifs; toutefois, à la question : « Acceptez-vous les conditions posées par le gouvernement? » les mandarins ont répondu affirmativement.

Alors l'administrateur procède à la remise des décorations et des insignes : une écharpe tricolore à glands d'or au chau et aux deux opaahats, et à glands d'argent au latsavong et au latsabout, ainsi que des parchemins leur conférant les titres de mandarins de première et de seconde classe. Le chau et les deux opaahats reçoivent également la croix d'officier de l'Ordre impérial du Dragon d'Annam; le latsavong et le latsabout celle de chevalier. C'est par cette simple cérémonie qu'Attopeu est devenu tout à fait province française, et des mandarins siamois fonctionnaires français.

Comte P. DE BARTHÉLEMY.

LE COMTE DE BARTHÉLEMY EN PIROGUE, SUR LA SÉKONG.

www.ingramcontent.com/pod-product-compliance
Ingram Content Group UK Ltd.
Pitfield, Milton Keynes, MK11 3LW, UK
UKHW012308240726
13966UKWH00004B/1713